DOCUMENTS

SUR

L'IMPRIMERIE A CONSTANTINOPLE

AU XVIIIe SIÈCLE

PUBLIÉS PAR

HENRI OMONT

PARIS
LIBRAIRIE ÉMILE BOUILLON, ÉDITEUR
67, RUE DE RICHELIEU, AU PREMIER
—
1895

DOCUMENTS

sur

L'IMPRIMERIE A CONSTANTINOPLE

AU XVIIIe SIÈCLE

DOCUMENTS

SUR

L'IMPRIMERIE A CONSTANTINOPLE

AU XVIIIᵉ SIÈCLE

PUBLIÉS PAR

HENRI OMONT

PARIS
LIBRAIRIE ÉMILE BOUILLON, ÉDITEUR
67, RUE DE RICHELIEU, AU PREMIER

1895

EXTRAIT DE LA *Revue des Bibliothèques*

Juillet-Septembre 1895.

DOCUMENTS

SUR

L'IMPRIMERIE A CONSTANTINOPLE

AU XVIIIe SIÈCLE

Les documents publiés plus loin, quoique d'origine et de nature différentes, se rapportent tous à la même période de l'histoire de l'imprimerie à Constantinople[1]. Les uns sont des avis officiels, transmis par l'ambassadeur de France à la Porte ottomane, et relatifs à l'établissement et aux débuts, en 1728, de la première imprimerie turque à Constantinople, fondée, en 1726, par Zaïd Aga, fils de Méhémet Effendi, qui avait accompagné son père lors de son ambassade en France, en 1721[2], et par le rénégat hongrois Ibrahim. Les autres forment une sorte de dossier, réuni par Anisson-Duperron, le dernier directeur de l'Imprimerie royale au XVIIIe siècle[3], sur l'histoire de l'imprimerie à Constantinople. On y trouve la traduction de l'introduction au Dictionnaire arabe et turc, connu sous le nom de Vankouli, premier livre sorti, en 1728, des presses de l'imprimerie de Zaïd Aga, introduction qui contient un récit en quelque sorte officiel de l'établissement de l'imprimerie turque à Constantinople ; — des mémoires

---

1. Voir J. von Hammer, *Geschichte des osmanischen Reiches* (Pest, 1831, in-8°), t. VII, p. 583. Cf. une *Notice des ouvrages arabes, persans, turcs et français imprimés à Constantinople*, par M. Reinaud (extrait du *Bulletin des sciences historiques*, du baron de Férussac, 1831, in-8°).

2. Voir *Relation de l'ambassade de Mehemet-Effendi à la cour de France en M.DCC.XXI*, écrite par lui-même et traduite du turc (Constantinople et Paris, 1757, in-8°).

3. Voir la collection de pièces sur l'*Histoire de l'imprimerie*, réunie par Anisson et qui forme aujourd'hui les n°s 22061-22193 du fonds français de la Bibliothèque nationale.

et lettres de ou adressés à Anisson-Duperron, datant de 1776, et relatifs à l'introduction de l'imprimerie dans la même ville ; — enfin, des notes sur le même sujet, remises en 1784 par Anisson-Duperron au comte de Choiseul, ambassadeur de France près de la Porte ottomane.

I

La première mention de l'établissement de cette imprimerie se trouve dans les registres de l'Académie des inscriptions et belles-lettres ; à la date du 7 janvier 1727, on y lit :

M. Freret a communiqué des lettres qu'il a reçues de Constantinople et par lesquelles on luy marque entre autres que le Grand Seigneur s'est enfin déterminé à y establir une imprimerie, dont il a donné l'inspection à Zaïr Aga, fils de Mehemet Effendy, qui a esté ambassadeur en France. Cette nouvelle fait beaucoup espérer pour la littérature, y ayant dans le Levant, et en particulier dans le Serrail, nombre de manuscrits qui n'ont point esté imprimez, et peut être des exemplaires entiers d'auteurs que nous n'avons qu'en partie, comme le *Polybe,* le *Trogue-Pompée,* le *Diodore de Sicile,* le *Tite-Live,* le *Tacite,* etc.

La nouvelle n'en devait pas tarder à se répandre, et la *Gazette de France,* du 18 janvier 1727, lui consacrait le long paragraphe qui suit :

De Constantinople, le 17 novembre 1726.

Le Grand Seigneur établit icy une imprimerie en langues arabe et turque, dont il a confié la direction à Zaïr-Aga, fils de Mehemet-Effendi, grand trésorier de l'Empire et cy-devant ambassadeur extraordinaire de Sa Hautesse à la Cour de France. On ne sçait pas encore quel sera le premier ouvrage qui sera mis sous la presse ; mais le grand vizir a promis de donner communication de tous les manuscrits du Sérail, et Zaïr-Aga ayant dessein de publier d'abord ceux qui sont le moins connus des sçavants, doit prendre sur cela conseil d'un moine rénégat, qui est ici depuis quelque temps et qui a une grande réputation de littérature. Zaïr-Aga se propose aussi, si ce premier établissement a quelque réussite, d'en faire d'autres dans les principales villes de l'Empire, et d'avoir dans la capitale une imprimerie pour les ouvrages grecs et latins : il va faire graver incessamment un recueil de cartes qu'il a apportées de Paris, la pluspart du feu sieur de Lisle, après quoy il publiera celles qui ont esté dressées par les Arabes et par les Persans. Plusieurs évènemens de la dernière révolution de Perse estant inconnus à la pluspart des Européens, un gentilhomme françois, qui est venu icy avec le comte d'Andresel, et qui doit retourner incessamment en France, a rassemblé depuis un an les meilleurs mémoires, qu'il a pû trouver sur cette révolution... depuis 1702 jusqu'en 1725[1]...

Le premier livre sorti de l'imprimerie de Zaïd Aga, en 1728, était un dictionnaire arabe, persan et turc; sa publication est ainsi annoncée dans des *Nouvelles de Constantinople,* du 15 mars 1729, conservées aux archives du ministère des Affaires étrangères[2] :

L'imprimerie établie en cette ville, sous l'inspection de Zaïd Aga, fils de Mehemmet Effendi, qui fut ambassadeur de la Porte en France, en 1720, se perfectionne tous les jours, et où on vient d'achever l'édition du *Dictionnaire de Vankouli, arabe, persan et turc,* dont on a tiré plus de 800 exemplaires. Cet ouvrage, qui coûtait auparavant en manuscrit jusqu'à 300 écus, se vend aujourd'huy imprimé 40 écus, en un gros volume in-folio[2]...

Bientôt le marquis de Villeneuve, ambassadeur de France à Constantinople, recevait du grand vizir plusieurs exemplaires des second et troisième ouvrages sortis des presses de cette imprimerie et il était officiellement chargé de les offrir aux ministres de Louis XV. Il les envoyait à Paris, le 30 septembre 1729, accompagnés de lettres adressées au cardinal de Fleury, aux ministres des Affaires étrangères et de la Marine et au garde des sceaux. Ces lettres d'envoi ne diffèrent que par quelques détails de rédaction; voici le texte de celle qu'il adressait au garde des sceaux :

A Constantinople, le 30 septembre 1729.

Monseigneur,

Vous verrez par les deux livres turcs que j'ai l'honneur de vous envoyer, que le grand visir ne perd point de veue l'établissement de l'imprimerie dans les états du Grand Seigneur. L'édition d'un *Dictionnaire arabe, persan et turc,* qui a commencé à faire rouler la presse à Constantinople, a été suivie de celle de deux autres ouvrages, de chacun desquels Ibrahim Effendi, chargé de la direction de cette imprimerie, m'a fait présenter trois exemplaires. L'un de ces ouvrages est une histoire des *Révolutions de Perse*

---

1. N° 3, p. 25.
2. Correspondance, *Turquie,* vol. 80, fol. 146.

dont le grand visir a fourni les matériaux; l'autre est une *Géographie historique des états du Grand Seigneur*, enrichie de cartes. Les Turcs avoient jusqu'ici négligé cette science, qu'ils cultiveront peut-être à l'avenir, si ce premier essai leur en fait connoitre l'utilité[1]...

Deux mois après, la *Gazette de France*, du 26 novembre 1729, annonçait au public le cadeau fait aux ministres par le grand vizir :

De Venise, le 4 novembre 1729.

Le grand visir a fait présent aux ministres étrangers d'un exemplaire des livres qui ont esté imprimez dans la nouvelle imprimerie du Sérail, et l'on a choisi dans la bibliothèque du Grand Seigneur les plus anciens manuscrits, qu'on y conserve depuis plusieurs siècles, pour en donner une édition complette au public. Le Mufti ne s'oppose plus à cette entreprise dont il reconnoît l'utilité pour sa nation[2]...

L'année suivante, un jésuite strasbourgeois, le P. Holdermann, missionnaire à Constantinople, obtenait de faire imprimer par les presses de Zaïd-Aga une *Grammaire turque* et française, destinée à l'usage des Enfants de langues[3]. La lettre suivante du marquis de Villeneuve au comte de Maurepas expose les préliminaires de cette publication :

A Constantinople, le 2 mars 1730.

J'ai informé le Père Holderman des dispositions favorables dans lesquelles vous étiez au sujet de la proposition que m'avoit fait faire Ibrahim-Efendi d'imprimer une *Grammaire* et un *Dictionnaire* en langue

---

1. Bibliothèque nationale, ms. français 7178, fol. 83 et v°. — La lettre d'envoi au cardinal de Fleury se trouve à la fin du volume 12 du supplément de la Correspondance, *Turquie*, aux archives des Affaires étrangères et il y en a une minute dans le ms. français 7194, fol. 40, de la Bibliothèque nationale; la lettre adressée au ministre des Affaires étrangères est conservée aux archives de ce ministère, Correspondance, *Turquie*, vol. 81, fol. 172, ainsi que celle qui était destinée au ministre de la Marine (Consulats, Constantinople).

2. Page 578.

3. Voir P. Sommervogel, *Bibliothèque de la Compagnie de Jésus*, (1893, in-4°), t. IV, col. 431.

turque[1] et françoise. Mais je lui ai dit en même temps que vous souhaitiez de savoir à quelle somme la dépense en pourroit être portée. Il m'a répondu que Ibrahim-Efendy ne demandoit autre chose de la libéralité du Roy que les caractères françois, qui lui étoient nécessaires pour cette impression, et qu'il me remettroit quelques caractères turcs pour que la gravure des uns et des autres fut proportionnée et que l'impression en fût plus belle[2].

Le P. Holdermann s'était proposé de publier aussi une *Grammaire arménienne*[3], mais sa mort, survenue le 13 novembre 1730, empêcha la réalisation de ces projets. Sa Grammaire turque avait cependant été imprimée et des exemplaires en nombre furent envoyés en France. Ils furent confiés en dépôt à l'abbé Bignon, bibliothécaire du roi, qu'on voit, en 1731 et 1732, en remettre, sur l'ordre du ministre Maurepas, à différentes fois plusieurs exemplaires au préfet des Enfants de langues élevés au collège des Jésuites de Paris[4].

II

Les pièces suivantes, réunies par les soins d'Anisson-Duperron, sont aujourd'hui conservées dans le ms. nouv. acq. franç. 4752 de la Bibliothèque nationale. Les premières de ces pièces[5] sont

---

1. Suivant REINAUD, *Notice des ouvrages imprimés à Constantinople*, p. 15-16, « le P. Romain, capucin français, avait commencé un dictionnaire français, italien, grec vulgaire, latin, turc, arabe et persan, dont il n'a malheureusement paru que la première feuille. »
2. Bibliothèque nationale, ms. français 7182, p. 641-642.
3. On lit dans une lettre de Maurepas au P. Holdermann, du 25 novembre 1729 :
« J'ay reçeu, mon révérend Père, vostre lettre du 24 du mois de septembre et les cartes qui y estoient jointes. Je vous sçais beaucoup de gré de vous estre chargé de faire une Grammaire arménienne, et je ne doute point que vous n'exécutiez cette entreprise avec succès... »
Il lui parle ensuite de la Grammaire et du Dictionnaire turcs, au sujet desquels il écrit à l'ambassadeur, et le remercie de l'aide qu'il a donnée à Sevin au cours de la mission dont celui-ci avait été chargé à Constantinople pour la Bibliothèque du roi. (Archives de la Marine, B⁷ 134, fol. 308 et verso.)
4. Bibliothèque nationale, ms. nouv. acq. franç. 5384, fol. 184, 190, 191, 193 195.
5. Cf. *Catalogue des lettres autographes de feu M. Parison* (25 mars 1856) :
« 339. — *Imprimerie à Constantinople* (Établissement de l').
1º Traduction (en français, aut. sig. de M. Legrand) du commandement du Grand Seigneur Sultan Ahmed, troisième du nom, qui autorise et permet l'établissement d'une

des traductions par un interprète des Affaires étrangères, M. Legrand, des différentes parties de l'avertissement relatif à l'introduction de l'imprimerie à Constantinople, mis en tête du premier livre sorti des presses de Zaïd Aga :

I

TRADUCTION DU COMMANDEMENT DU GRAND SEIGNEUR SULTAN AHMED, TROISIÈME DU NOM, QUI AUTORISE ET PERMET L'ÉTABLISSEMENT D'UNE IMPRIMERIE A CONSTANTINOPLE[1].

Qu'il soit fait selon sa forme et teneur[2].

Vous qui êtes distingué entre les grands, en votre qualité de secrétaire dans le bureau du grand vizir, et vous Ibrahim, qui êtes du corps des muteferricas de ma Sublime Porte, à l'arrivée de ce noble signe vous sçaurez qu'il est certain que pour fixer les règles et les principes de la Religion, pour établir la forme des gouvernements, régler la police des nations, conserver la mémoire des faits historiques, conserver l'ordre des temps et étendre le cercle des connoissances humaines et des sciences, il a fallu se servir des règles de l'écriture, seul moyen de recueillir ce qui s'est passé en différents ages, et en former des corps d'histoire, dont les copies multipliées pussent être transmises à la postérité.

Depuis l'établissement de la religion de Mahomet, des savants de tout état s'étoient occupés à composer des ouvrages dans lesquels ils avoient consigné les plus saintes maximes de l'Alcoran, les traditions du Prophète, et à répandre quantité de connoissances utiles; d'autres avoient composé

---

imprimerie à Constantinople. Suivie d'une liste des premiers ouvrages qui y ont été publiés. En tête d'un feuillet blanc se trouvent au sujet de cette imprimerie 4 lignes aut. de l'abbé Mercier de Saint-Léger, 13 gr. p. pl. fol.

2° *Ibrahim Effendy*, directeur de la première imprimerie de Constantinople, mémoire aut. (en latin) sur cette imprimerie, suivie d'une lettre autog. sign. (en français) du P. Holdermann, au père...... Galata, 5 août 1730. 8 gr. p. pl. gr. in fol.

3° Notice (en français) sur Ibrahim Effendy, 2 gr. p. et demie, in-fol.

1. « Dans Magni O. Celsii *Historia bibliothecæ regiæ Stockolmensis*, petit in-8°, imprimé en 1751, on trouve (page 195-205) une histoire abrégée de l'imprimerie à Constantinople suivie d'une liste plus étendue que celle de M. Legrand des livres imprimés dans cette capitale. »

2. « *Nota*. — Ces paroles sont écrites de la propre main du Grand Seigneur au haut de la feuille sur laquelle est écrit le commandement; on l'appelle pour cette raison *Khatti chérif*, écrit noble, ou *Khatti humaïoun*, écrit impérial. »

des dictionnaires arabes et persans, avoient écrit sur la philosophie, sur les belles-lettres et sur d'autres sujets instructifs et intéressans ; grand nombre d'auteurs, en vûe de se rendre recommandables dans le monde et de mériter les récompenses éternelles en l'autre, passoient leur vie et leur temps à écrire d'excellents ouvrages en tout genre de sciences, qui pussent être utiles à la postérité. Mais le laps des tems, les diverses révolutions arrivées en certaines sociétés, plus particulièrement l'invasion de *Dgenghiz Khan*, celle de *Hilakio* (appellée par nos auteurs Houlagou), la destruction du royaume d'Andalousie par les Francs, qui en chassèrent les vrays croyans, qui en étoient les legitimes possesseurs, les guerres particulieres, le saccagement, le pillage des villes et enfin les diverses incendies arrivées en différents tems ; tant de tristes événements ayant occasionné la perte d'une immense quantité d'ouvrages précieux, il est devenu presqu'impossible de réparer un domage si considérable. Outre l'extrême difficulté qu'il y a de transcrire de gros volumes, tels que les dictionnaires intitulés *Sihah Dgevheri*, le *Camous*, le *Lessan al Arabi*, le *Van Kouli*, les Annales historiques des Empires, et enfin tant d'autres ouvrages volumineux, on rencontre tant d'obstacles de la part des écrivains, ils montrent si peu d'empressement à transcrire de pareils ouvrages, s'ils les entreprennent, ils sont si lents à travailler, ils ont si peu d'attention, et souvent leur ignorance est telle que leurs copies sont pleines de fautes et d'omissions de mots ; tant d'obstacles rendent les livres extrêmement rares et très chers ; ce qui fait une privation réelle pour les gens studieux qui voudroient s'adonner aux sciences.

L'imprimerie est un art représentatif de l'écriture, la facilité de multiplier par son moyen les exemplaires d'un même ouvrage à l'infini, est un avantage aussy solide que certain. C'est ce que vous avez prouvé dans le petit ouvrage que vous m'avez présenté sur l'utilité de l'imprimerie en me faisant connoître les moyens dont vous devez user tous les deux pour conduire à perfection votre entreprise en vous chargeant de toutes les dépenses qu'elle doit nécessairement entraîner après elle.

Voulant donc, sous les heureuses auspices de mon règne, tirer du néant un art aussy beau et aussy utile, et m'attirer par là les bénédictions des fidèles jusqu'aux jours du jugement ; vu les représentations que vous m'avez faites ; votre mémoire ayant été envoyé à notre vénérable pontife Cheikh Abdullah, Moufti actuel, ensemble la question que vous avez faite en ces termes :

Relevé du Fetva exposé.

« Un particulier ayant fondu des lettres de métal pour imprimer des
« ouvrages classiques et de sciences tels que : des Dictionnaires, des
« recueils de logique, de philosophie, d'astronomie, etc., ce particulier

« s'offrant de faire acquisition de ses sortes d'ouvrages pour les mettre à
« l'impression, peut-il, selon les règles de la justice exécuter son entre-
« prise ? »

Réponse.

Le Moufti ayant décidé par sa réponse que « si tel qui a trouvé l'art
« d'imprimer correctement, avec des caractères de métal, les ouvrages
« énoncés cy-dessus, fournissant un moyen sûr d'abréger le travail, de
« multiplier les exemplaires à peu de frais et d'en rendre l'acquisition plus
« facile et moins couteuse. Je décide que cet art, à raison de ses grands
« avantages doit être encouragé et on n'en doit point différer l'exécution,
« pourvu qu'on choisisse quelques hommes habiles et intelligens qui, avant
« que les ouvrages sortent de la presse, les corrigent, et le vérifient sur les
« meilleurs originaux. »

Vu cette décision, et ensemble l'approbation authentique et particulière
dudit Moufti, écritte et signée de sa main,

Je vous permets à tous deux susdits l'établissement de l'imprimerie et ai
nommé, pour vérifier et corriger les ouvrages cy-dessus mentionnés dont
on permet l'impression, parmi les savans les plus renommés Ishak Effendi,
cy devant cadi de Constantinople, Fahib Effendi, cydevant cadi de Salonique,
Ass-äd Effendi, cydevant cadi de Galata, et Moulla Effendi, supérieur du
couvent des Derviches situé à Cassim Pascha[1], dont Dieu augmente à
tous les mérites et les vertus. Ils seront chargés de corriger et vérifier
par eux et par tous autres qu'ils commettront les susdits ouvrages que
vous devez imprimer tous deux de concert en la forme susdite, vous recom-
mandant d'en multiplier les exemplaires et de vous attacher surtout à ne
les faire sortir de la presse que complets et corrects, évitant qu'il s'y glisse
aucune faute; faites y la plus grande attention. Sachez-le ainsy et donnez
toute croyance à ce noble signe. Fait et donné en la ville de Constantinople, la bien gardée, vers le milieu de la Lune de Zilcaadé, l'an de l'hégire
1139 (de J.-C. 1726, vers les derniers jours de juin).

APPROBATION DONNÉE PAR LE MOUFTI AU PREMIER LIVRE SORTI DE L'IMPRES-
SION, QUI EST LE DICTIONNAIRE, APPELÉ VANCOULI, TURC ET ARABE[2].

Ce volume (le Dictionnaire en entier), doit être regardé comme une
perle, elle est unique dans la mer qui l'a produit, seule digne de faire

---

1. Faubourg de Constantinople.
2. « Cette pièce est en langue arabe ainsy que toutes les autres qui ont été faites sur
ce modèle. »

l'ornement d'un collier. C'est un jardin dont la terre ne pousse que des plantes parfaites et pleines de vigueur; c'est un océan dont l'eau est d'une douceur agréable; semblable à l'Euphrate, il roule des eaux abondantes, c'est un grand fleuve, du milieu duquel jaillissent des eaux resplendissantes; enfin c'est un arbre dont il ne tombe que des fruits délicieux, qu'on s'empresse à ramasser; digne d'être accueilli, il ne pouvoit que s'attendre aux approbations que les plus doctes entre les gens de lettres lui ont données. Que Dieu comble de faveurs l'auteur et l'inventeur de cet art utile pour avoir mis en évidence un pareil trésor, et que ne doit-il pas lui revenir d'un pareil bienfait au public, si ce n'est des bienfaits à sa personne. Ecrit par le pauvre Abdullah, Moufti de l'Empire fortuné, dont Dieu perpétue la durée par la puissance de son secours[1].

II

Traduction du mémoire sur l'utilité de l'établissement de l'imprimerie [a Constantinople, par Ibrahim Effendi].

Lorsque, par des raisons qui déterminent sa volonté, Dieu veut favoriser et illustrer une maison, une société ou un particulier par quelque bienfait signalé, il dispose par un effet de sa puissance les causes secondes d'une manière à en faire résulter les plus grands avantages pour ses créatures.

Première partie.

Personne, n'a mieux senti la vérité de ce principe que moi[2], pauvre serviteur de Dieu. Quoique rempli d'imperfections, fort éloigné de pouvoir m'arroger le titre de savant, cependant m'étant appliqué à l'étude de diverses langues, les progrès que j'y ai fait, m'ont procuré le moyen de m'instruire en lisant les histoires des différents peuples qui ont passé sur la scène du monde, de leurs mœurs, de leurs coutumes et de leur religion. Ces lectures

---

1. « *Nota*. — Je me suis attaché à rendre mot à mot le sens de cette approbation pour faire connoître le génie de la langue, et combien les gens lettrés, chez les Turcs, sont ampoulés dans leurs expressions; surtout lorsqu'il s'agit de petites pièces détachées, qu'ils savent devoir être vues du public, ils y déploient toutes les richesses de la langue à rendre leur stile plus élégant et pour le faire admirer du connoisseur. Je ne donne que la seule traduction de celle-ci parmi plusieurs autres qui sont à la suitte et qui se ressemblent toutes pour le stile et à peu près pour le sens. »
2. « C'est Ibrahim Effendi, le fondateur de l'imprimerie et le chef de cette entreprise, qui parle de lui même. »

m'ont conduit à faire des réflexions très étendues sur les principes fondamentaux dont on a étagé l'édifice de chaque gouvernement. J'ai été intimement persuadé que les anciens peuples, les nations, les empires n'ont atteint ce degré de gloire et acquis cette réputation qui fait notre admiration, qu'en observant inviolablement les lois et les règles de mœurs que chaque législateur a promulgués dans l'État où l'autorité lui étoit dévolue.

Les nations modernes ont suivi les traces des anciens, et dans ce grand nombre d'États, qui de siècles en siècles se sont établis jusqu'à nos jours, leurs souverains ont senti de quelle importance il étoit de rendre invariables les lois et les règles d'administration qui devoient constituer la forme de chaque gouvernement et en faire la force.

Toutes les religions, bonnes ou mauvaises, que chaque état suivoit, furent la base des constitutions et des loix, dont le législateur rendit l'observation rigoureuse pour chaque particulier. Plus éloigné de nos tems, ceux qui avoient la souveraine puissance, pour prévenir toute ignorance et pour empêcher que, dans la suite des tems, les règles et les loix qu'ils avoient établis dans leurs états, ne s'effaçassent de la mémoire des peuples et n'occasionnassent des changements dans leurs constitutions, ils les firent graver sur des plaques de fer et d'airain, jusqu'à ce que, les connoissances humaines s'étant accrues par degrés, on inventa l'écriture par le moyen de laquelle on pût multiplier les livres, qui devinrent le code du gouvernement de chaque état. Après avoir dit que la religion est la base sur laquelle porte tout l'édifice d'un bon gouvernement, si l'on veut y faire attention et qu'on juge, sans aucune prévention, on sera obligé d'avouer que la meilleure religion, celle qui l'emporte sur les autres, est, sans contredit, celle que l'on professe dans cet Empire fortuné; c'est à elle qu'il doit cette gloire et cette haute réputation, qui est tant admirée dans le monde, c'est par elle qu'il a étendu ses limites si fort au loin et qu'il subsiste depuis si longtems. Convaincus et pénétrés de respect pour cette sainte religion, nos législateurs et nos empereurs ont senti de quelle importance il étoit de ne souffrir aucune altération dans la croyance de notre nation; et ils ne l'ont préservé de toute erreur et de tout changement, qu'en usant à cet égard de la plus grande fermeté, et en lui faisant observer à la rigueur les lois et les maximes du gouvernement, établi sur un fondement aussy solide que celui de la religion. Mais, pour obvier encore plus à toute espèce de relâchement, nos princes protegèrent les sciences; elles furent cultivées, on composa beaucoup d'ouvrages sur la religion, la morale et la politique, qui, en instruisant les peuples, les éclairèrent et les affermirent dans leurs principes. Ce fut un secours pour les vrays croyans, qui devoit les préserver de tout égarement jusqu'à la fin des siècles.

Deuxième partie.

Les personnes instruites de l'histoire des nations n'ignorent point que les Israëlites, obligés qu'ils étoient d'apprendre par cœur les livres inspirés, qui servoient de code à leur gouvernement civil et spirituel, tel que le Pentateuque et autres, non seulement négligèrent de se conformer au précepte qui leur en avoit été fait, mais encore ils ne remplirent point l'obligation qui leur avoit été imposée, en transcrivant les livres de la loi dont ils étoient dépositaires, d'en multiplier des exemplaires authentiques, qui fussent mis entre les mains des particuliers de leur nation, pour les mettre à l'abri du danger d'être perdus. Ils se contentèrent d'en conserver l'original à Jérusalem ; mais Nabuchodonosor en ayant fait le siège et s'en étant rendu maître, il la détruisit et brûla le temple où ces livres, qui étoient déposés dans le Tabernacle, furent consumés par les flammes, de sorte que les tribus d'Israël, privées du code de leurs lois, n'eurent plus d'autre guide que leur faible tradition pour les diriger dans tous les cas relatifs à leur gouvernement civil et spirituel.

De même ont agi les Chrétiens ; ils se sont privés des avantages qu'ils auroient pû retirer de l'Evangile, pour fixer leur croyance et diriger leurs mœurs et leur conduite, en négligeant, comme ils ont fait, même dans les jours du Messie, de faire une collection exacte et authentique de toutes les saintes maximes et les préceptes dont l'observance leur avoit été prescritte. Ils se souciérent peu de répandre des copies exactes de ce qu'ils avoient recueilli, qui pussent servir à l'instruction du peuple ; c'est pour cette raison, que, immédiatement après que Jésus eût été enlevé au ciel (le salut et la bénédiction soit sur lui et sur son Prophète), les Chrétiens se divisèrent en différentes sectes. Chacun eut son opinion et autorisa son système avec son évangile ; ce sont ces divers systèmes en matière de religion qui ont égaré les Chrétiens et les ont fait tomber dans l'infidélité.

Instruits par de pareils exemples, nos docteurs, dans les premiers tems de l'Islamisme, comprirent combien il étoit important de se prémunir contre tous les dangers auxquels la négligence en matière de religion pouvoit exposer les peuples ; ils s'attachèrent avec l'attention la plus scrupuleuse, à recueillir les versets de l'Alcoran, à les mettre en ordre, afin qu'ils pussent servir de code tant dans les affaires civiles que dans celles qui regardoient la religion ; ils en formèrent un volume, auquel ils ajoutèrent les maximes et les sentences du Prophète, celles des autres saints personnages compagnons de ses travaux, sous le nom de tradition. Toutes ces collections furent mises fidèlement par écrit, on en multiplia les copies pour être répandues parmi les vrais croyans, qui, en les lisant et les apprenant par cœur, se trouvèrent instruits et éclairés ; préférence et avantage bien précieux qu'a laissé à notre nation le meilleur des hommes (Mahomet).

Cependant cet Empire, formé au milieu des combats, étendit ses limites de l'Orient à l'Occident et un peuple innombrable s'étant soumis au joug des vainqueurs, en adoptèrent les loix et embrassèrent leur religion avec un tel empressement, qu'on doit le regarder comme un miracle existant accordé aux mérites de la plus glorieuse des créatures ; un petit nombre d'années fut témoin de cet événement. Les généraux d'armées et les docteurs de la loi, appréhendant dans tant de nations, nouvellement conquises et sorties de l'infidélité, les dangers de l'ignorance, sans interrompre le cours de leurs expéditions militaires, ils s'appliquèrent à dresser un code de loix calqué sur le model de celles qu'ils avoient trouvés établies chez les divers peuples qu'ils avoient soumis, en observant d'y insérer tout ce qui avoit trait à la religion, qui fut la baze de toutes leurs constitutions. Parurent ensuite d'autres savants qui, outre les matières de religion, avoient acquis de grandes connoissances dans les sciences ; ceux-ci en vue d'éclairer et d'instruire la nation s'adonnèrent à la composition de plusieurs ouvrages méthodiques sur diverses parties des arts, des sciences et de la morale.

Mais comme, dans un Empire comme celui-ci, la guerre est, et a été de tout tems, l'occupation de la nation, il n'a pas été possible, au milieu des ouvrages qu'entraîne nécessairement la guerre après elle, de préserver une infinité d'ouvrages précieux des malheurs qui en ont été les suites ; mais rien n'a plus contribué à cette perte irréparable, que ces temps malheureux, où *Dgenghis Khan*, ayant ravagé les provinces de la Transoxane, et *Hilakio* ruiné l'empire des Abbassides, s'attachèrent à détruire tous les monuments précieux des sciences et des arts, l'un en brûlant et l'autre faisant jetter dans l'Euphrate tous les ouvrages qui tombèrent entre leurs mains. Suivit après la révolution du royaume d'Andalousie qui fut enlevée aux Africains par les Francs ; tant d'excellents ouvrages composés par les savants de cette nation devinrent la proie du vainqueur.

De si fatals evénements ont fait un tort irréparable aux sciences ; le goût s'en est presque perdu dans la nation ; le peu d'ouvrages qui a échappé à la perte générale a resté dans l'obscurité de quelques bibliothèques ; à la peine et à la difficulté de transcrire un ouvrage un peu volumineux, on a préféré des moyens plus faciles de s'enrichir ; on s'est fort peu soucié des honneurs et de l'estime attachés au titre d'hommes sçavans ; on croit pouvoir le dire hardiment, sans blesser la vérité. Dans le siècle présent, il s'est glissé dans la nation une espèce de paresse et d'indolence, qui la rend indifférente pour tout ce qui regarde les sciences et les belles-lettres dont on ne sçauroit témoigner trop d'étonnement. Ceux qui par état devroient s'y appliquer particulièrement, tels que les écrivains de profession, se sont tellement négligés, que dans cette capitale, pour ne pas dire dans tout l'Empire, si on vouloit un copiste pour transcrire de longs ouvrages, comme le *Camous*, le *Dgevheri*, le *Lessan al Arabi*, le *Van Kouli*, les Annales historiques de l'Empire, et tant d'autres excellents ouvrages, on ne le trouveroit pas. Si par hasard il s'en présentoit quelqu'un qui voulut se charger de ce travail, on ne pourroit point compter sur son exactitude; combien de fautes n'y laisseroit-il pas glisser par négligence et encore plus par son incapacité dans la connoissance des diverses langues qui entrent dans la composition de ces ouvrages.

Lorsque les Francs dépouillèrent les Ommiades Affricains des possessions qu'ils avoient en Espagne, ils devinrent possesseurs d'une infinité d'ouvrages arabes composés sur tous les genres de sciences utiles et agréables. Les vrais croyans, privés de ces ouvrages et n'ayant plus les matériaux propres à entretenir l'émulation, ont négligé l'étude des sciences, les écrivains qui auroient dû les cultiver par écrit les ayant négligés eux mêmes; quel tort n'en a pas souffert une nation comme la nôtre, autrefois si sçavante et si éclairée.

Ces considérations nous conduisent à la démonstration des avantages qui doivent résulter de l'établissement de l'imprimerie en cette capitale.

Troisième partie.

L'imprimerie est un art utile, représentatif de l'écriture, qui, par l'arrangement de formes de lettres de métal placées sur des feuilles de papier, selon les méthodes de l'art, contrefait, ligne pour ligne et mots pour mots, les caractères de l'écriture à la main par l'imitation la plus exacte.

1° On conçoit aisément que la connaissance de la langue arabe est absolument nécessaire à ceux qui veulent lire avec fruit les livres à l'usage de notre nation; cette langue dans laquelle on a puisé tout ce qui a été écrit sur les sciences et sur les arts. On ne peut y parvenir qu'avec l'aide des dictionnaires dont on a la facilité de multiplier les exemplaires par le moyen de l'impression, avec cet avantage, qu'on ne rencontre pas autrement, qui est de leur donner toute l'exactitude dont ils sont susceptibles. Il est ainsy des autres ouvrages imprimés, tels que ceux qui traitent d'histoire, d'astronomie, de philosophie et de géographie.

2° Depuis l'établissement de l'Islamisme, jusqu'à nos jours, tous ces grands hommes, ces docteurs qui se sont occupés à composer d'excellents ouvrages, qui ont contribué à affermir les peuples dans les principes de leur religion, à les éclairer et à les instruire dans la science de la morale et de la politique, renaissent de nouveau par l'impression que l'on fait des productions de leur génie, et ce moyen facile de les multiplier procure aux sujets de l'Empire l'avantage d'en faire aisément l'acquisition.

3° Outre que l'on peut donner aisément aux caractères de l'imprimerie les meilleures formes possibles, il est encore cet avantage qui est que, les livres imprimés étant exacts et corrects, les étudiants comme les maîtres, étant sûrs de la fidélité de leurs exemplaires, ne sont plus obligés d'interrompre leurs études, pour perdre un tems considérable à confronter leurs manuscrits avec d'autres, pour corriger les fautes des copistes. On pare encore par son moyen à un autre inconvénient très considérable, c'est au peu de ténacité de l'encre dont nous nous servons pour l'écriture à la main, la moindre humidité la pénétre et l'efface; ce qu'on n'a point à craindre avec celle dont on se sert pour l'impression, elle est si bien composée que jamais l'humidité ne peut l'altérer quand elle a été employée.

4° L'imprimerie procure l'avantage essentiel de pouvoir multiplier à l'infini le même ouvrage avec toutte l'exactitude possible, ce que par le moyen de l'écriture à la main il est difficile, pour ne pas dire impossible, d'entreprendre. Les mêmes exemplaires se trouvant en grand nombre, le prix en devient modique, le pauvre et le riche peuvent aisément en faire l'acquisition et celui qui a du goût pour les sciences s'y adonne avec plaisir, par la commodité qu'il a de se les procurer à peu de frais.

5° Dans les livres imprimés on a cru devoir mettre deux tables de matières; l'une abrégée qui doit être mise à la tête du livre, et une plus étendue qui doit être placée à la fin. La première indiquera les chapitres et les sections qui forment l'arrangement de l'ouvrage, et, pour faciliter les moyens de les trouver promptement, elle portera le numéro de la page où se trouve le chapitre demandé. La seconde sera distribuée par ordre alphabétique, de sorte qu'en consultant la lettre et le numéro, il sera aisé de trouver le fait particulier dont on veut avoir connoissance.

6° Les ouvrages imprimés étant en grand nombre, on peut en faire passer plusieurs exemplaires dans les villes, bourgs, et autres lieux de l'Empire; le prix modique, qui en facilitera l'acquisition, sera le plus sûr moyen d'étendre les connoissances et de bannir l'ignorance des endroits les plus éloignés de la capitale.

7° Les livres se trouvent multipliés, ainsy qu'on l'a dit plus haut, par le secours de l'imprimerie, les provinces attenantes à celle de l'Empire, et qui sont sous sa protection, étant fournies de différents ouvrages sur les sciences qui sortiront de l'impression, il se formera de proche en proche, dans toutes les villes, des bibliothèques publiques où les gens studieux pourront avoir recours; et ainsy s'étendront les connoissances dans tous les endroits où elles n'avoient pû pénétrer auparavant.

8° On sçait que dans les divers états, où l'on professe la religion du Prophète, la guerre contre les ennemis de la foy est une occupation légale, qui entre dans leur constitution. Leur zèle et leur courage mérite des éloges; mais ont-ils des ennemis aussy redoutables et aussy expérimentés dans l'art militaire que les nations européennes, personne n'ignore cependant à quel degré de gloire sont parvenus nos Empereurs en les combattant, et quelle réputation ils se sont acquis par les grands avantages qu'ils ont remportés sur elles. Ce sont ces faits merveilleux qu'on a consigné dans l'histoire de leur règne, pour être transmis à la postérité; qu'on juge du plaisir que ressentira tout vrai croyant lorsqu'il pourra lire dans les annales multipliées les hauts faits de leurs souverains en les bénissant de la protection qu'ils auront accordée à l'imprimerie.

9° Les princes chrétiens, instruits de l'utilité des ouvrages composés en arabe, en persan et en turc, et combien il étoit difficile de se les procurer manuscrits, se sont empressés à l'envi à former des imprimeries pour ces différentes langues, et ce sont d'elles qu'on a vu sortir les livres intitulés : *Canoun et chifa*[1], *Nozehat almouchetak*[2], les *Élémens* d'Euclides et autres. Cependant comme il ne s'est trouvé personne chez eux en état de faire la différence d'une bonne à une mauvaise écriture, et qui sent assez bien l'ortographe et même les susdites langues, pour pouvoir conduire l'impression à quelques degrés de perfection, il est arrivé que les ouvrages, qui ont été ainsy imprimés, se sont trouvés remplis de fautes, sans parler du mauvais choix des caractères, qui approchent fort de l'écriture employée par les Musulmans d'Affrique. Ces deffauts ont été cause que ces livres n'ont point eu cours dans notre Empire et que personne ne s'est empressé d'en faire l'acquisition. Mais il peut se faire que ceux dirigent l'imprimerie chez les Européens, pour donner cours aux livres qui sortent de leurs presses, s'appliqueroient à la réformer en faisant fondre des caractères modelés par quelqu'habile maître, qui atteindroient à la perfection de ceux de l'écriture à la main. C'est alors que, s'ouvrant une branche de commerce chez nous par la vente de leurs livres, ils en tireroient un profit qui seroit préjudiciable à nos intérêts, par les sommes qui sortiroient des provinces de notre Empire; il est donc convenable que les Musulmans, ayant précédé les nations infidèles en tous genres de sciences, ils ne se laissent pas devancer par eux, quant aux langues dont nous faisons usage, dans un art aussy utile que l'imprimerie; aussy en a-t-on senti la conséquence par l'approbation que l'on vient de donner à son établissement.

10° Cet objet avoit autrefois été mis en question et il s'étoit tenu plusieurs conférences, où cette affaire avoit été discutée, on en avoit reconnu l'avantage et la nécessité; plusieurs personnes recommandables par leur science et leurs dignités avoient fort appuyé ce projet, pour l'examen et l'exécution duquel on avoit nommé des gens habiles et instruits. Après avoir bien refflechi, on convint des avantages qui résulteroient de l'établissement d'une imprimerie, mais on fut arrêté, ou par la dépense, ou par la difficulté de ramasser les matériaux propres à une pareille entreprise. L'affaire fut donc abbandonée, jusqu'à ce jour que Dieu par sa volonté, donnant à la science cette force d'action qui surmonte tous les obstacles, a choisi notre

---

1. « Livres de médecine par Avicenne. »
2. « Livre connu sous le nom du Géographe nubien. » Édrisi.

invaincible et illustre Empereur pour rompre le sceau de ce cabinet secret, que tant d'autres de ses prédécesseurs n'avoient pû ouvrir; c'est ainsy que ce prince tirant du néant cet art merveilleux de l'imprimerie, il s'est prêté à tous les moyens propres à en procurer l'établissement.

11° Outre les peuples soumis à cet Empire, auxquels les ouvrages plus haut mentionnés sont nécessaires, il y a encore une infinité de nations, toutes professant notre sainte religion, répandues dans diverses régions, tels que les Arabes, les Persans, différentes hordes des Turcs, les Tartares, les Turcomans, les Curdes, les Usbeks, les Indiens, les habitants de plusieurs isles de la mer Oceanne, les Arabes de l'Iemen, ceux du désert, divers peuples de l'Affrique et autres, qui restent dans les ténèbres de l'ignorance, faute d'être pourvus des livres nécessaires à leur instruction.

L'établissement de l'imprimerie faisant cesser la disette des livres, toutes ces nations pourront en avoir et se les procurer à peu de frais. Quelle gloire pour notre Empire et quels vœux pour sa perpétuité et sa prospérité, ne formeront-elles pas, quand elles verront chez elles tant de bons livres, qui leur communiqueront des connoissances, dont jusqu'à lors elles auront été privées. Ce seul motif auroit suffi à notre invincible Empereur pour le porter à protéger et permettre l'établissement dont nous parlons.

Conclusion.

L'Empereur, notre souverain seigneur, ayant par un commandement signé de sa propre main, autorisé et permis l'établissement d'une imprimerie, où l'on mettroit sous presse tous autres ouvrages que ceux qui traitent de religion et de jurisprudence, tels que des dictionnaires, des ouvrages de médecine, d'astronomie, de philosophie, de géographie et tous autres traitant d'histoire ou de sciences, nous regardons comme un très grand honneur pour nous qu'il veuille bien agréer la dédicace du premier ouvrage, dont nous avons entrepris l'impression sous ses augustes auspices. Nous travaillerons selon les intentions et conformément à sa volonté, à multiplier en nombre tous les ouvrages indiqués cy-dessus, et pour instruire les peuples de la bienveillance dont il nous honore, et leur rendre plus chers les livres dont ils feront l'acquisition, nous avons orné leurs frontispices par la copie du *Khatti humaïoun*, qui nous a été accordé; nous y avons joints les approbations du Moufti et autres gens de loix les plus distingués. Chacun verra par là les précautions juridiques que l'on a prises avant de procéder au travail relatif à cet objet. Par le susdit commandement impérial il a été désigné trois savans pour faire la correction des épreuves, de sorte qu'il ne sortira aucun ouvrage de sous la presse qui n'ait été revu et bien vérifié avec les meilleurs originaux; ce dont les lecteurs pourront s'assurer par eux-mêmes.

Ayant aussy heureusement réussi dans notre entreprise, nous nous flattons que nos lecteurs, de quelqu' état qu'ils soient, nous sçauront gré de notre travail et qu'ils prieront Dieu pour nous. Nous nous sommes un peu étendus dans cet avant-propos ; il étoit nécessaire de détailler nos principes et d'introduire en même tems le public sur un objet aussi important qu'il est utile.

III

NOTE SUR L'AUTEUR DU MÉMOIRE CY-DESSUS

Ibraïm Effendi, à qui l'on est redevable de l'établissement de l'imprimerie turque à Constantinople, étoit hongrois de naissance. L'opinion commune est que dans une des guerres que firent les Turcs à la maison d'Autriche, vers la fin du siècle dernier, il fut enlevé de son pays et conduit à la capitale, où, pour éviter d'être vendu ou de subir un plus mauvais sort, il embrassa le mahométisme. Comme il étoit encore jeune et qu'il avoit un goût décidé pour l'étude des sciences, il crut ne pouvoir parvenir à son but, qu'en s'adonnant tout entier à l'étude des langues arabe, turque et persienne, sans cesser de cultiver sa langue maternelle et le latin, qu'il savoit très bien, aussy bien que l'italien. Il fit de si grands progrès en peu de tems qu'il devint l'admiration des gens de lettres, et il a passé à juste titre pour l'un des plus sçavants hommes de l'Empire. Sultan Ahmed l'éleva au grade de Muteferrica, qui sont des cavaliers distingués destinés à la garde de sa personne. Il fut recherché de tous les sçavants ; les grands vizirs et autres seigneurs l'admettoient souvent en leur compagnie. Le fameux Ragozki, ayant été obligé de fuir d'Allemagne en France pour éviter les poursuites de l'Empereur, et étant venu s'établir à Rodosto, sous la protection du grand Seigneur, choisit Ibrahim Effendi pour son Capikiaia, c'est-à-dire son agent à la Porte. L'estime et la faveur, dont il jouissoit à la Porte, luy donnoit tout le tems de cultiver les sciences pour lesquelles il étoit si passionné ; il y avoit longtems qu'il pensoit aux moyens d'établir une imprimerie au milieu de la capitale. Il avoit fait la proposition de son projet à plusieurs vizirs, qui, quoiqu'ils avouassent les avantages qui en résulteroient pour le public, avoient cru toujours y voir des difficultés insurmontables. Quant à l'exécution, c'étoit moins une raison qu'un parti pris en faveur de cette quantité de copistes intéressés, dont Constantinople est plein, qui formoient la plus grande opposition, soutenus par quelques gens de loi qui y intéressoient la religion. Ce ne fut enfin que vers les dernières années du ministère du fameux vizir Ibrahim Pacha qu'Ibrahim Effendi, profitant du crédit qu'il avoit auprès de ce vizir, lui fit part de son plan et le fit approuver, comme devant concourir à la gloire de son ministère et à l'avancement des sciences. Ce vizir tout puissant l'ayant fait goûter à l'Empereur son maître, il lui fut facile d'avoir le suffrage du Moufti et des gens de loi les plus accrédités. Le fetva fut donné, et en conséquence le Grand Seigneur accorda son Khatti schérif. Muni de ces deux pièces, Ibrahim Effendi ayant fait venir de Hollande tous les matériaux nécessaires à l'exécution de son entreprise, l'imprimerie fut établie sans aucun obstacle. Quoique tous les ouvrages imprimés ne fussent pas de lui, on doit toujours le regarder comme un rédacteur sçavant et intelligent; il les a retouches et augmentés presque tous. Ceux dont il est auteur sont les *Révolutions de Perse*, traduites du latin d'un Jésuite polonois, témoin oculaire. Un traité de la *Tactique des Turcs*, qu'il a composé aidé des lumières du fameux comte de Boneval, la *Description du Nouveau Monde*, et beaucoup d'articles ajoutés à l'atlas turc qu'il a tiré de Mercator. Il mourut sous le règne de Sultan Mahmoud, successeur de Sultan Ahmed, peu d'années après l'avènement de ce prince au throne, il étoit fort âgé alors.

Cette imprimerie depuis sa mort n'a fait que languir, on n'imprime plus rien de nouveau, on se contente de donner, de loin en loin, de nouvelles éditions des ouvrages déjà imprimés. C'est le secrétaire du Divan attaché à l'interprète de la Porte qui a actuellement la direction de l'imprimerie.

Pour ne rien laisser à désirer sur ce qui regarde cet établissement, on joindra ici le catalogue de tous les livres qui ont été imprimés à Constantinople jusqu'à présent :

1. *Vankouli*, nom de l'auteur qui a fait le dictionnaire arabe et turc tiré de celui intitulé *Sihāh el dgüehërï*, c'en est la traduction (ce dictionnaire est excellent[1]); in folio, 2 vol.

2. *Dgïhānnümā*, c'est un atlas fort augmenté par l'auteur ou plutôt l'éditeur, il est orné de cartes in-folio, 1 vol.

3. *Tŭhfŭtul kŭbār fī asfāril bisiliar*, c'est-à-dire l'résent pour les grands sur les voyages sur mer, in quarto, 1 vol.

Hādis ince. Description du nouveau monde, in quarto, 1 vol.

4. *Tārikh Tïmoūr*, Histoire de Tamerlan, par Nazmi Zādé; c'est un ouvrage curieux et bien fait, in quarto, 1 vol.

5. *Gülchéni Khŭlīfā*, par le même, c'est l'histoire abrégée des Kalifes et autres dinasties, in quarto, 1 vol.[2]

---

1. Impr. à Constantinople en 1728 (chez le Roy, X, n° 238) : I. A. Lougat-ul Vankouli, id est Dictionarium Van kouli ex arabico turcicè factum a **Mohammede Moustafa** cognomine *el Vany*. Constantinople, 1729, in-fol., 2 vol.

2. *Histoire des califes,* par Nadham Effendi ; c'est le dernier ouvrage imprimé à CP.

6. *Tărīkh Mĭsrĭ cadīm vĕ dgedid*, Histoire de l'Egipte ancienne et moderne, par Sokeili, in 4°, 1 vol.

7. *Tărikh Agvănĭan oŭ Mĭrveis*, Histoire des Agvans et de Mirveis ; ce sont les révolutions dernières de Perse, in-fol., 1 vol.

8. *Tăkvimut tĕvarikh* ; ce sont des Tables chronologiques, composées par Hadgicalfa, in 4°, 1 vol.

9. *Tărikh Năĭmă ve Răchĭd, ve Tchĕlĭbĭzade ;* ce sont les Annales de l'empire Ottoman, in fol., 4 vol.

10. *Oŭssoŭl ŭl hhikem*, Traitté de l'art militaire, 1 vol.

11. *Feiouzat mignatissĭie*, sur les Propriétés de l'aimant, 1 vol.

12. *Fĕrheŭki Chŏ-oŭrĭ*, ou *Lĭssaŭ ŭl ădgĕm*, c'est un grand et excellent Dictionnaire turc et persan, in fol, 2 vol.

Monsieur l'abbé Mercier[1] voudra bien agréer ce foible travail comme un léger témoignage du zèle pour son service et de l'attachement bien respectueux qu'a pour sa personne son très humble et très obéissant serviteur.

LEGRAND.

Le même dossier contient ensuite quelques autres pièces dont la reproduction n'offre aucun intérêt ; en tête de la première, Anisson a mis cette note (fol. 20 du recueil) : « *Réponse faite en 1776 aux questions que j'avois proposées sur les progrès de l'imprimerie à Constantinople*. Cette réponse qui m'a été envoyée par le prieur de St Leger, qui la tenoit d'un correspondant de son oncle à Constantinople, n'est satisfaisante sur aucun point ; et, quoiqu'on la dise d'un homme fort instruit, il est évident que celui qui l'a faite ignore les faits les plus connus et les plus authentiques. »

A la suite, se trouve (fol. 22 et 23) un « Catalogue des livres imprimés à Constantinople, » liste de quinze ouvrages, dans un ordre différent de celui de la liste précédente et de celle de Hammer[2], qui compte 17 ouvrages ; la *Grammaire turque* du P. Holdermann (n° 8 de Hammer) et le *Tarichi Tchelebisade Efendi* (n° 15 de Hammer) imprimés en 1730 et 1728, n'y sont point portés. Voici cette liste, dans laquelle les numéros entre parenthèses, à la suite des numéros d'ordre de chaque article renvoient à Hammer :

---

1. Le célèbre bibliographe Mercier, abbé de Saint-Léger.
2. *Geschichte des osmanischen Reiches* (1831), t. VII, p. 583-585.

CATALOGUE DES LIVRES IMPRIMÉS A CONSTANTINOPLE

1 (**17**). *Ferheuk Chnoury*. Dictionnaire persan et turc très ample par Chnoury, 2 vol. in fol.
2 (**1**). *Vankouly*. Dictionnaire arabe et turc par Ismaïl fils d'Ahmed Eldjevhery, 2 v. in fol.
3 (**11**). *Dgihannuma*. Atlas historique par Kiatib Tchelebi, 1 vol. in fol.
4 (**13**). *Tarikh Naima Effendi*. Espèces d'Annales de l'empire Ottoman, 2 vol. in fol.
5 (**14**). *Tarikh Rachid Effendi*, autres Annales de l'empire Ottoman, qui servent de continuation au livre précédent, 3 vol. in fol. — Tchelebizade a continué cet ouvrage dans la même forme jusqu'à l'an 1141, 1 vol. in fol.
6 (**12**). *Takwimet-tewarikh*, autres Annales de Kiatib Tchelebi, qui est un abrégé historique depuis le commencement du monde jusqu'à l'an de l'hégire 1146, 1 vol. in fol.
7 (**7**). *Gulcheni Kulefa*. Histoire des califes Abassides par Nazmizade, 1 vol. in fol.
8 (**2**). *Tohfetel kibar fi esfarul bahar*. Histoire des guerres des Turcs sur les mers, les fleuves et les rivières par Kiatib Techelebi, 1 vol. in fol.
9 (**5**). *Tarikh Timur Khan*. Histoire de Tamerlan par Namizade, 1 vol. in fol.
10 (**6**). *Tarikh Misir kadim ve dgedid*. Histoire de l'Egypte ancienne et moderne par Soheïly Effendi, 2 vol. in 4°.
11 (**4**). *Tarikh Yeni dunia*. Histoire de l'Amérique, d'un auteur anonyme, 1 vol. in 4°.
12 (**3**). *Tarikh Agvan*, Histoire de la rébellion des Agvans contre les Persans, traduite du latin par l'empereur Turc Ibrahim Effendi, 1 vol. in 4°.
13 (**9**). *Usoul el hikem fi nizamel imem*. Causes ou principes philosophiques concernant la méthode de fonder, d'entretenir, de gouverner les empires, 1 vol. in 4°.
14 (**10**). *Fiousdad mekanatie*, les Propriétés de la pierre d'aimant, 1 vol. in 4°.
15 (**16**). *Ahval Ghazvat Bosna*. Conquête de la Bosnie, 1 vol. in 4° [1].

Les dernières pièces du recueil émanent d'Anisson-Duperron. Le directeur de l'Imprimerie royale, profitant du départ pour Constantinople du comte de Choiseul-Gouffier, qui venait d'être

---

1. Un questionnaire sur l'histoire de l'imprimerie à Constantinople, « reçu des Affaires étrangères le 12 avril 1777 », n'offre non plus aucun intérêt ; il est aux fol. 24-27 du même manuscrit.

nommé par le roi ambassadeur à la Porte Ottomane, lui écrivait, le 24 juin 1784 :

> Monsieur, en conséquence de la permission que vous avez bien voulu me donner, j'ai l'honneur de vous adresser ci-joint une note des questions relatives à l'imprimerie de Constantinople sur lesquelles je désire d'avoir des éclaircissements détaillés et certains.
>
> Personne n'est plus à portée que vous, Monsieur, de me procurer cette satisfaction et j'ose assez compter sur vos bontés, pour espérer que vous voudrez bien vous en occuper lorsque cela vous sera possible [1].

La minute de cette lettre est accompagnée du questionnaire rédigé par Anisson :

> *Questions relatives à l'ancien état de l'imprimerie à Constantinople, à son rétablissement en 1726, à sa destruction subséquente, à son état actuel et aux accroissemens que le gouvernement peut être disposé à lui donner.*
>
> 1º Que sait-on dans le pays du premier établissement de l'imprimerie dès le xvᵉ siècle, tant à Constantinople que dans d'autres villes de l'empire Ottoman? Comment et par qui ces établissemens ont-ils été formés? Quels sont les auteurs et les causes de leur destruction; les livres qui y ont été imprimés? A quelle époque ont-ils cessé d'exister?
>
> 2º Depuis l'interruption de ce premier établissement de l'imprimerie jusqu'en 1726, qu'elle a reparu de nouveau à Constantinople, y a-t-il quelques traces de tentatives faites pour la rétablir, soit dans la capitale, soit ailleurs? Quel a été le succès de ces tentatives?
>
> 3º Comment et par qui l'imprimerie a-t-elle été rétablie en 1726? A-t-elle eu lieu seulement à Constantinople? Combien de temps a-t-elle subsisté? Quels livres a-t-elle mis au jour? D'où tiroit-elle ses papiers; idem, ses caractères?
>
> 4º En quelle année l'imprimerie, établie en 1726, a-t-elle été détruite et pour quelles raisons?
>
> 5º Quel est bien précisément l'état actuel de l'imprimerie dans l'Empire Ottoman; l'exercice en est-il restreint à la capitale? Quels ouvrages y a-t-on déjà imprimé? Cet établissement a-t-il une typographie complette, c'est-à-dire poinçons et matrices pour fondre les caractères? N'a-t-il que des matrices, et dans ce cas d'où les a-t-il tirées? Enfin n'a-t-il ni poinçons, ni matrices, et alors d'où reçoit-il ses caractères tout fondus?
>
> Dans tous les cas on désire extrêmement d'avoir des spécimen ou épreuves, imprimées sur papier ou sur velin, de tous les caractères

---

1. Bibliothèque nationale, ms. nouv. acq. franç. 4752, fol. 20.

employés dans les imprimeries du Levant, avec les noms des fondeurs qui ont fondu ces caractères, ou des graveurs qui en ont travaillé les poinçons en acier.

On désireroit aussi tous les renseignemens qu'il sera possible de se procurer sur les papiers employés pour l'imprimerie, leurs qualités, le lieu de leur fabrication.

Et sur la reliure des livres, titres imprimés ou manuscrits [1].

Le comte de Choiseul, aussitôt arrivé à Constantinople, avait bientôt formé le projet d'y rétablir l'imprimerie dans le palais même de l'ambassade de France; il fit part à Anisson de ses premiers essais dans la lettre suivante, datée de Constantinople, le 25 janvier 1786 :

Si depuis deux mois, Monsieur, je n'étois fort malade et presqu'aveugle, je n'aurois pas tant tardé à vous remercier de vos reproches obligeans. Vous n'aurez plus le courage de m'en faire quand vous saurez tous mes malheurs ; cette imprimerie que je me suis procurée avec beaucoup de peines et de dépenses n'est pas en état d'imprimer un seul mot d'arabe et l'on m'a apporté à grands frais un quart de l'alphabet. On peut même dire que les caractères de Paris ne sont d'aucune langue, ceux de Haas valent beaucoup mieux, sa police étoit complette, mais on en a ingénieusement refusé la moitié.

Vous aurez peine à expliquer de pareilles erreurs lorsque vous saurez que cette opération a été dirigée par un professeur royal en langue arabe, pour moi je me borne à plaindre ses écoliers.

J'ai promptement écrit au Sr Haas pour tâcher de suppléer à tout ce qui me manquoit, mais je serai, suivant toute apparence, réduit à attendre fort longtemps ce second envoi.

Vous sentez, Monsieur, combien j'ai dû être affligé de voir ainsi renverser un projet auquel j'attachois une grande importance. Je me reproche tous les jours mon ignorance qui m'a empêché d'avoir recours à vous; si j'eusse connu les éditions arabes faites à l'Imprimerie royale, je n'aurois pas manqué de réclamer vos bons offices, et les ministres du Roi nous auroient donné toutes les autorisations nécessaires.

Aussitôt que j'aurai reçu le supplément de caractères demandés à Bâle, je ferai quelques essais que je soumettrai à votre jugement, et, si je puis me flatter de donner ici quelque consistance à cet établissement, j'aurai alors recours aux richesses dont vous êtes dépositaire.

---

1. Bibliothèque nationale, ms. nouv. acq. franç. 4752, fol. 28 et v°.

L'imprimerie des Turcs est abandonnée [1], mais j'espère la faire rétablir par un Turc fort instruit et qui a occupé de grandes places, avantages qui se trouvent ici encore plus rarement réunis que partout ailleurs. J'attends sa décision pour achever la note que vous m'avez demandée, et je vais m'occuper de faire acheter, à mesure que les occasions s'en présenteront, des exemplaires de tous les ouvrages qui ont été imprimés antérieurement.

J'adresserai, en attendant, des maroquins à M⁏ Bertrand, directeur de la Compagnie d'Afrique à Marseille, en le chargeant de vous les faire parvenir.

Je vous prie de croire, Monsieur, que vous me consolerez un instant de mon exil chaque fois que vous me procurerez le plaisir de vous être utile [2].

Anisson ne tardait pas à répondre au comte de Choiseul; la minute de sa lettre est datée de Paris, le 8 mars 1786 :

Ce n'est pas ici, effectivement, le lieu des reproches, quoique je sois bien tenté de vous en faire lorsque vous me privez des occasions de faire ce qui pourroit vous être utile ou agréable. Mais ce dont je vous plains bien sincèrement c'est de votre accident sur les yeux, qui m'inquiète d'autant plus que vous ne m'en dites pas la cause ni l'état actuel; mais, vu votre extrême éloignement, je pense qu'il n'en est sûrement plus question.

Ce n'est pas, Monsieur, pour vous donner des regrets, mais pour vous inspirer plus de confiance en moi, que je vous dirai qu'il n'existe sûrement nulle part une typographie arabe comparable à celle de l'Imprimerie royale. Vous le croirez aisément, quand vous saurez que c'est celle que fit faire sous ses yeux M. de Brèves, un de vos prédécesseurs, et qu'il vendit ensuite au Roy. Il y a 3 corps : gros, moyen et petit; tout est combiné de manière que toutes les lettres s'adaptent les unes aux autres pour former l'énorme quantité de mots de cette langue. Je suis dans ce moment cy d'autant plus à portée de les connoître que l'on imprime le résultat du travail du nouveau Comité de l'Académie des Inscriptions où il y a de l'arabe; M. de Guigne, que bien connoissés, est occupé à mettre ces carac-

---

1. La *Gazette de France*, du 14 janvier 1741 (p. 13-14) donne encore des nouvelles de l'imprimerie de Constantinople :

« De Constantinople, le 3 novembre 1740.

« On vient d'achever dans l'imprimerie du Grand Seigneur l'impression de plusieurs ouvrages sur l'art militaire, lesquels ont esté traduits en langue turque. Il paroist tous les ans un catalogue des livres qui sont imprimez dans cette imprimerie, et selon ce catalogue on y a déjà mis sous presse depuis son établissement deux cent quatre-vingts volumes. »

2. Bibliothèque nationale, ms. nouv. acq. franç. 4752, fol. 30-31.

tères dans un bel ordre, il est dans l'enthousiasme de la superbe combinaison de ces caracteres et de leur parfaite exécution[1]. Si je puis joindre ici un fumé de quelque poinçon pour vous en donner une idée, je le ferai. Nous avons envoyé un compositeur à Leyde pour apprendre l'arabe et à son retour nous serons montés, et s'il faut vous servir, y étant autorisés comme je n'en doute pas, je le ferai de plein cœur ; je connais la typographie de Haas de Baâle ; ce sont de tristes échantillons en comparaison de la nôtre.

Voilà pour vous, Monsieur ; je viens maintenant à moi, et, si vous voulez me rendre service, il faut que ce soit à compte sur ceux que je puis vous rendre :

1º Il n'est pas que vous ne trouviez dans les papiers de l'ambassade des traces de ce grand ouvrage de M. de Brèves, de son plan, de ses vues, de celui ou ceux qui le conduisait, du temps où il le vendit, et du prix qu'il le vendit ; des notes sur cet objet me seront très utiles pour la formation de l'histoire critique et littéraire de l'Imprimerie royale dont je suis occupé.

2º En attendant et sans préjudice des maroquins que vous voulez bien m'annoncer, je joins ici un échantillon de satin vrai violet d'évêque, dont je désire ardemment avoir du maroquin de sa couleur. Il ne s'en est jamais fait et je ne vois pas pourquoi on n'en ferait pas ; on ne connaît pour maroquin violet que du maroquin gros bleu, enfin, Monsieur, coute que coute, je vous supplie de m'obliger de m'en faire faire sur échantillon telle quantité, qu'on voudra, il n'est pas que les Grecs aient encore oublié la vieille pourpre.

Ce M. Bertrand n'est pas celui qui est à Paris, qui, en qualité de bossu, a beaucoup d'esprit ; je vais le voir, mais, s'il en est temps, adressez cela de préférence à M. Le Noir, bibliothécaire du Roy, pour le service de la Bibliothèque, avec une double enveloppe à mon adresse.

3º La première production de l'ancienne imprimerie de Constantinople sur le 15ᵉ siècle ; celles de la seconde époque de l'imprimerie du 16ᵉ siècle ; celles de la 3ᵉ, laquelle aura lieu... (sic).

4º Cette fameuse histoire qui fut commencée et resta là.

5º Le Vankouly.

6º Réponse détaillée à ma note.

Je ne puis joindre ici d'empreinte de nos caractères arabes ; mais la fameuse Poliglotte de Le Jay, mais la Byzantine, mais le Psaultier arabe, imprimé à Rome, tout cela, et beaucoup d'autres, ont été imprimés avec nos caractères arabes.

---

1. Cf. la préface, et l'Essai historique de de Guignes, en tête du tome I (1787) des *Notices et extraits des manuscrits.*

Les occasions, Monsieur, de nous communiquer sont trop rares, veuillez, je vous prie, ne pas les laisser s'écouler sans me donner de vos nouvelles, de votre santé, de vos projets, de vos succès, ou de vos contradictions, et de mon maroquin [1].

L'année suivante, en 1787, Choiseul-Gouffier faisait publier par son imprimerie les *Éléments de la langue turque,* du Père Viguier (Constantinople, 1787, in-4°); ce devait être le seul produit des nouvelles presses, au moins sous l'ambassade du comte de Choiseul-Gouffier.

H. OMONT.

---

[1]. Bibliothèque nationale, ms. nouv. acq. franç. 4752, fol. 32 et verso.

RENNES, IMP. FR. SIMON, SUCCESSEUR DE A. LE ROY
IMPRIMEUR BREVETÉ

Theologia.  ¶ Volumina.
¶ Couuers de veloux.

Franciscus De Caronelis Religiosus super visione Sompnys Currus Militia.

Franciscus De Marchia. Minor Super quattuor libris Sententiarum.

Fundatio Ecclesie Sancti Michaelis de monte Tumba.

¶ Tractatus.

Fulberti Epi Sermo de Natiuitate beate marie virginis.
Require. In libro. ¶ Itinerarium Clementis.

¶ Volumina.

RÉPERTOIRE DE LA LIBRAIRIE DE BLOIS, PAR GUILLAUME PETIT
(1518).

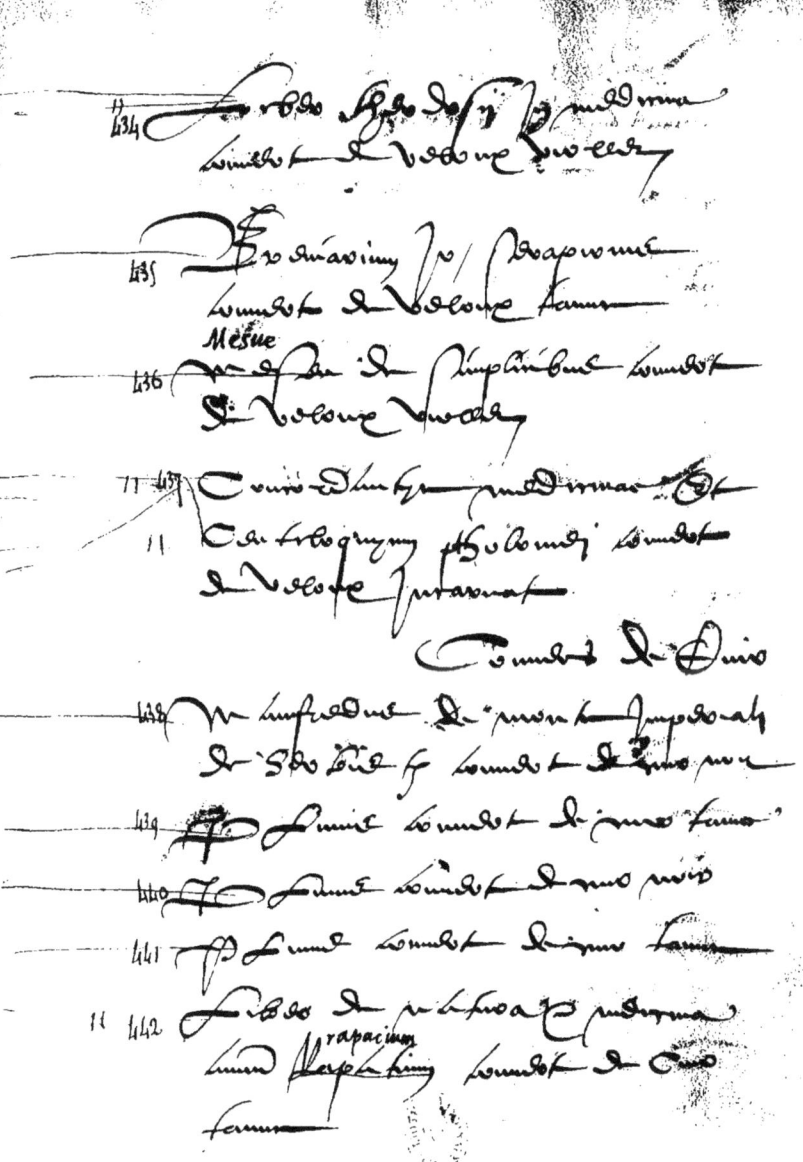

INVENTAIRE DE LA LIBRAIRIE DE BLOIS,
LORS DE SON TRANSFERT A FONTAINEBLEAU
(1544).

III

43.

Historia Ferdinandi   Historia Ferdinandi

Quintus Cursus
Quintus Cursius de rebus Alexandri
Quintus Cursius de gestis Alexandri

Mare historiarum
Mare historiarum compilatum a fratre Ioanne de columna
Secunda pars marie historiarum

Genealogia Deorum
Genealogia Deorum gentium
Genealogia Deorum gentilium
Bonnius Andreas de genealogia

Plinius
Plinÿ historia naturalis
Plinius de Viris illustribus

Pomponius mela
Pomponius Mela de situ orbis   Pomponius de Cituorbis

CATALOGUE DES BIBLIOTHÈQUES DU ROI A PARIS,
A LA FIN DU XVIe SIÈCLE.

Introductorium Alcabissij 528.

Les Gloses de Haly sur le Quadripartitu de Ptolemee 528.

Almagestum Ptolemej 529.

Le Livre des Merveilles, traitant des mœurs 530.

Le Romant des sept Sages de Rome 530.

Epystolæ S. Pauli cum Glossis 531.

Apparatus Innocentij Papæ quarti 532.

Livre de Medicine, intitulé la Tour du grand vergier 533.

Le 2. Volume de Vita Christi en françois 534.

Liber Cibalis Medicinalis Pandectarum Matgei Siluatici Medici de Salerno. Impr. Neapoli an. 1474. — 535.

Bernardini Corij Historia Mediolanensis Lat. impr. Mediolani. cIɔ D. III. 536.

Cosmographie de Munster en Fr. Impr. 1556. Basle. 537.

Stilus Curiae Francicæ 538.

Historia de Florence en Italie, traduicte du Latin de Leonard Aretin par Donato Acciayoli. à Venise 1473 — 539.

Historia de Florence de Poggio traduite du Latin en Italien par Jaques Poggio son filz. à Venise 1476 — 539.

Les Œuvres de Dante en Italien avec Commentaires 540.

Historia Scolastica Petri Presbyteri Tricassini, qui dictus est Comestor 541.

CATALOGUE DE LA BIBLIOTHÈQUE ROYALE,
PAR NICOLAS RIGAULT
(vers 1620).

I. III

720. Bibliorum Graecorum pars prior.
     Methodij Patarensis de regno Romanor. & de Antichristo.
721. Bibliorum Graecorum pars posterior.
722. Metaphrastes Januarius
     vita Sylvestri Papae primi
     ex Graeco Latine
     Jo. Chrysostomi encomium
     martyrum S. Petri
     Xilii monachi quaedam
     assanasij Alexand. de vita
     Antony monachi
723. Pauli Aeginetae libri VII.
724. Chrysostomi Homiliae XXXIII. in epist. ad Romanos.
725. Eusebij demonstrationis Evangelicae libri X.
726. Hippocratis opera.
727. Canones μηνολογιον mens. Sep. Octob. Novemb.
728. Olympiodori in meteorologica Aristotelis.
     Joannis Gram. in meteorologica.
729. Procli in Timaeum Platonis libri IIII.
     vide nu. 825
     τὰς ζητήματα δια τῶν ἀγραπ[...]
     περὶ τῶν ὑπὸ ὀξύτερον θέων ... περι μεταβολας
730. Georgij Zothieri Rudolfi lib. 2.
     astrologia Graeco Latini.
731. [crossed out] L. Sibitae Tragoedia
732. Zonarae Histor. pars posterior a Diocletiano
     ad Alexium Comnenum
733. Anastasius Bibliothecarius de vitis
     Pontificum & aliis auctor
     usq. ad Martinum V.
734. Evangelia IIII. Synaxarium evangelior.
735. Boetij de Consolatione
736. Evangelia IIII. Latine. opt. not.
737. Breviator Festi
738. Gregorij Nysseni in Gregorium Thaumaturgum
     Platonis martyrium
     Amphilochij Iconiensis vita
     Gregorij Acragantini episcopi vita
     S. Catharinae vita
     Clementis episc. Ro. ad Jacobum Hierosolim
        de gestis & peregrinationib. B. Petri.
     Petri Alexandrini martyrium.
     Mercurij martyrium.

CATALOGUES DE LA BIBLIOTHÈQUE ROYALE,
PAR N. RIGAULT ET P. DUPUY
(1622 et 1645).

CATALOGUE DES MANUSCRITS DE LA BIBLIOTHÈQUE ROYALE, PAR NICOLAS CLÉMENT

(1682).

VII

ↄƆIↃƆXIX 1671
scripsit ad adrianum papā.
obtinet materie subtilu ingenioꝶ 4378
erigunt tractatores. nec facile de artib'

S. F. Nicolaj de tieneth
n libris de ciuitate dei
pertinent, siue ad poeticon.

cent septante cinq
345
3786.

MMDCLXX.
1384. 6484.

Incipit prologus magistri
Symonis de Couino: de iu
dicio Solis ī conuiuijs saturni.

de Apostematib. vbj late digreditur, pestis
illius miracula narrans.

Mellinus sangelasius
regie librarie custos.

La Marguerite
des Vertus et Vices coposé
par frere Jean masſue

Phototypie Berthaud, Paris

ANCIENNES COTES DES CATALOGUES DE 1622, 1645 ET 1682.
SPÉCIMENS DE L'ÉCRITURE
DE MELLIN DE SAINT-GELAIS ET DE JEAN GOSSELIN.

www.ingramcontent.com/pod-product-compliance
Lightning Source LLC
Chambersburg PA
CBHW060937050426
42453CB00009B/1055